Dedicated to Max, celebrating his first Christmas on Earth.

Dedicado a Max, que celebra su primera Navidad en la Tierra.

Santa (Father Christmas)

Papá Noel (Santa Claus)

Sleigh

Trineo

Snowman

Muñeco de nieve

Snowflake

Copo de nieve

Christmas bauble

Bola de Navidad (Esfera de Navidad)

Christmas tree

Árbol de Navidad

Gift

Regalo

Mistletoe

Muérdago

Wreath

Corona

Gingerbread

Galleta de jengibre (Galleta de Navidad)

Elf

Elfo

Nutcracker

Cascanueces

fireplace

Calcetín navideño

Candy cane

Bastón de caramelo

Carol

Villancico

Star

Estrella

Angel

Ángel

Bells

Campanas

Holly

Acebo

Candle

Vela

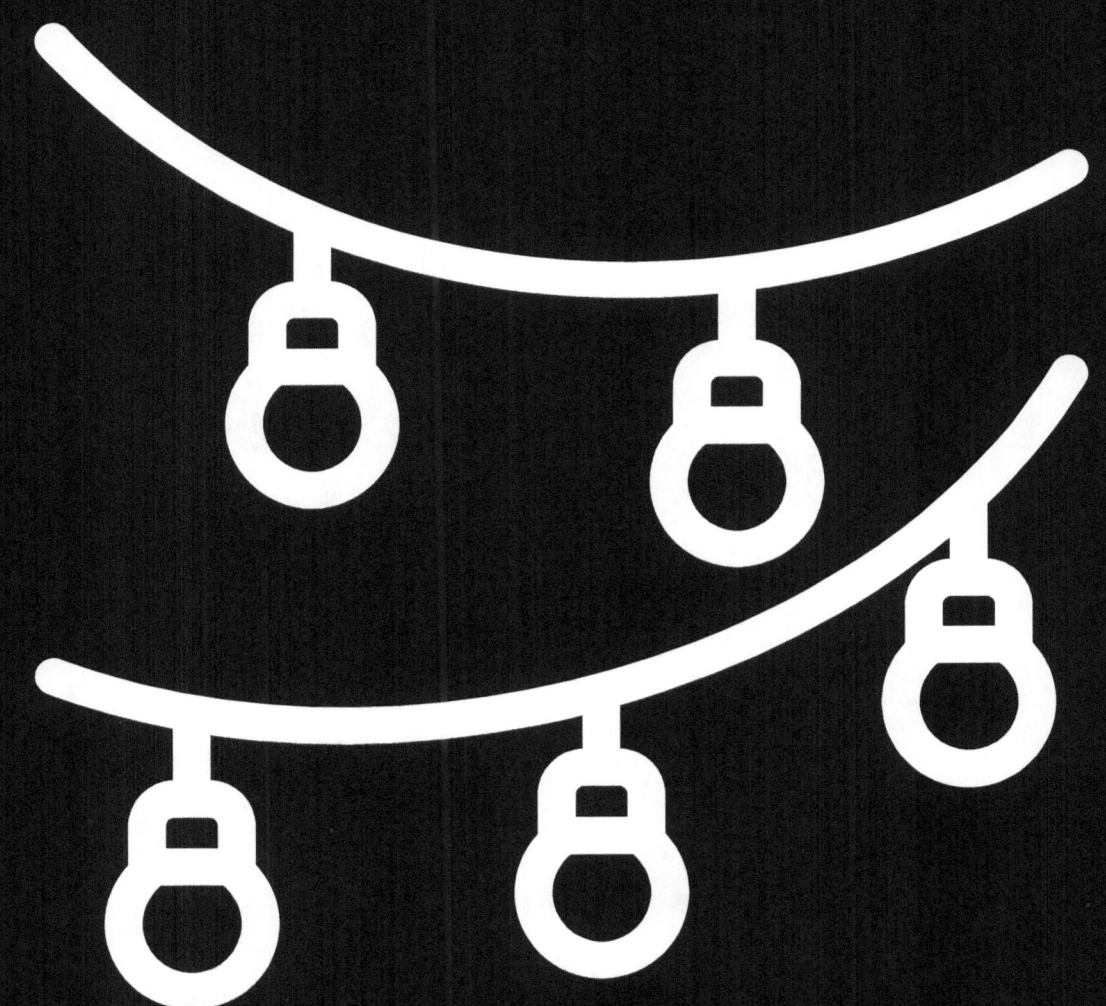

Pronunciation Guide

Pronunciation can differ due to regional accents. We've provided the commonly used pronunciation for each word in English and Spanish. The words are divided into syllables, written as they sound. A syllable in UPPER CASE should be emphasised when speaking.

🎄	**Navidad** NAH-vi-dahd	🎁	**Regalo** reh-GAH-loh	🦃	**Pavo** PAH-voh
🌙	**Nochebuena** NO-che-bwen-ah	🌿	**Muérdago** mwer-DAH-goh	👨‍👩‍👧	**Villancico** vee-YAHN-thee-coh
🎅	**Papá Noel** PAH-pah no-ELL	🎄	**Corona** co-ROH-nah	⭐	**Estrella** ehs-TREH-yah
🛷	**Trineo** TREE-neh-oh	🍪	**Galleta de jengibre** ga-YEH-ta de hen-HEE-bre	😇	**Ángel** AHN-hel
🦌	**Reno** RAY-noh	🧝	**Elfo** EL-foh	🏠	**Belén** beh-LEHN
☃️	**Muñeco de nieve** moon-YEH-coh deh NYEH-veh	🎭	**Cascanueces** CAHS-cah-nweh-sehs	🔔	**Campanas** kahm-PAH-nahs
❄️	**Copo de nieve** COH-poh deh NYEH-veh	🔥	**Chimenea** chee-meh-NEH-ah	🍃	**Acebo** AY-seh-boh
🔮	**Bola de Navidad** BOH-lah deh NAH-vi-dahd	🧦	**Calcetín navideño** cahl-seh-TEEN nah-vee-DEH-nyoh	🕯️	**Vela** VEH-lah
🎄	**Árbol de Navidad** AHR-bol deh NAH-vi-dahd	🍬	**Bastón de caramelo** bahs-TON deh kah-rah-MEH-loh	💡	**Luces de Navidad** LOO-sehs deh NAH-vi-dahd

Guía de pronunciación

La pronunciación puede variar dependiendo de la región. Hemos proporcionado la pronunciación más común de cada palabra en inglés y español. Las palabras están divididas en sílabas, escritas tal cual como suenan. Al hablar, se debe enfatizar la sílaba en MAYÚSCULA.

Christmas KRIS-mahs	**Gift** HEFT	**Turkey** TUR-kee
Christmas Eve KRIS-mahs EEV	**Mistletoe** MIS-el-toh	**Carol** KA-rohl
Santa SAHN-tah	**Wreath** REETH	**Star** STAHR
Sleigh SLEI	**Gingerbread** HIN-her-bred	**Angel** AHN-hel
Reindeer RAIN-deer	**Elf** ELF	**Nativity** nah-TI-vi-tee
Snowman SNOH-mahn	**Nutcracker** NUHT-krah-ker	**Bells** BEHLS
Snowflake SNOH-flehk	**Fireplace** FAI-yer-plehs	**Holly** HOH-lee
Christmas bauble KRIS-mahs BAH-bul	**Stocking** STOH-king	**Candle** KAN-dul
Christmas tree KRIS-mahs TREE	**Candy cane** KAN-dee KAYN	**Christmas lights** KRIS-mahs LIHTS

Fin

Collect them all...
Colecciónalos todos...

BooHQ.com/cesreview

Please review our book by scanning the QR code.

You can also access a bilingual activity booklet and other free printables.

Por favor, deja una reseña escaneando el código QR.

También puedes encontrar un folleto de actividades bilingüe y otros materiales gratuitos.

www.ingramcontent.com/pod-product-compliance
Lightning Source LLC
Chambersburg PA
CBHW050749110526
44591CB00002B/23